Weil eine Welt mit Geschichten eine
bessere Welt ist.

Josefine Weingart

Warum nicht?

Life is a story

schreib's auf
story.one

1. Auflage 2021
© Josefine Weingart

Herstellung, Gestaltung und Konzeption:
Verlag story.one publishing - www.story.one
Eine Marke der Storylution GmbH

Gesetzt aus Crimson Text und Lato.
© Fotos: Mehdi Genest

Printed in the European Union.

ISBN: 978-3-99087-901-6

Meine erste Sammlung wahrer
Geschichten. Und eine kleine Erinnerung
an mich selbst zu glauben.

INHALT

Neuseeland - Gasleck & andere Katastrophen

Meine Eltern haben bereits sehr jung geheiratet. Und als meine Mutter 23 wurde, waren meine große Schwester und ich bereits auf der Welt. Einen Traum, den sich meine Eltern damals erfüllt haben, war eine Wohnmobiltour mit uns durch Neuseeland. Ich war zu dem Zeitpunkt ungefähr ein Jahr alt, meine große Schwester zweieinhalb.

Zunächst schaffte es meine ältere Schwester schon im Laufe des zweiten Tages, das Radio des Wohnmobils lahmzulegen. Sie hatte zuvor das Prinzip aufgeschnappt, dass bestimmte Automaten kleine Papierchen oder Töne ausspuckten, wenn man Geld hineinsteckte. Das Problem beim Autoradio also war, dass es einen verführerischen Schlitz für Kassetten gab, der für meine Schwester verdächtig danach aussah, als müsse man Dinge hineinschmeißen. Natürlich brauchte die Anlage weder Münzgeld noch Gänseblümchen als Währung um Musik zu spielen. Aber bevor meine Eltern intervenieren konnten, war das Radio für den Rest des Urlaubs gestrichen.

Ich dagegen sorgte gegen Ende der ersten Woche dafür, dass alle bis auf meine Mutter fast aus dem Leben geschieden wären. Und das ist in diesem Fall keine Übertreibung des Geschehenen, sondern leider 100%ig so passiert. Ich lernte nämlich während des Urlaubs im Wohnmobil laufen und nutze den kleinen Innenraum mit seinen Schränken und der Essecke um mich festzuhalten bzw. hochzuziehen. Die Küchenzeile des Fahrzeugs bestand aus zwei Kochplatten, die keine zusätzliche Abdeckung hatten. In Deutschland haben wir bei Gas-Kochplatten die Absicherung, dass das Gas nicht weiter austritt, wenn es nicht entzündet wird, um Unfälle zu vermeiden. In der alten Schüssel die meine Eltern gemietet hatten, war dies leider nicht der Fall. Eines Nachmittags also, meine Mutter war auf dem Campingplatz Wäsche waschen, mein Vater war über einem Buch eingeschlafen und meine ältere Schwester lag brav in ihrem Bettchen, krabbelte ich in dem Wohnmobil umher. Meine Eltern hatten zuvor alle Gefahrenquellen aus dem Weg geräumt. Die Tür des Autos war fest verschlossen, alle Fenster ebenfalls. Beim Versuch mich aufzurichten griff in nach dem nächsten Objekt, dass meine kleinen Hände erreichen konnten. Leider war das der

Regler für den Gasherd, den ich mit meiner Bewegung aus Versehen aufgedreht hatte. Ich flutete also in aller Ruhe, ohne es zu wissen, das gesamte Wohnmobil mit Gas. Als meine Mutter zehn Minuten später die Tür öffnete, waren wir schon halb im Land der Träume. Meine Mutter, die den Geruch sofort erkannt hatte, riss natürlich direkt alle Fenster und Türen auf. Nach dreißig Sekunden panischen Schreiens und Lüften wurde schließlich mein Vater wach, der hatte von alldem nämlich gar nichts mitbekommen. Der würde sogar ein Erdbeben Stärke 10 verschlafen.Jetzt, nach 20 Jahren, lachen wir über die Geschichte. Vielleicht stehe ich deshalb heute so auf Superheldenfilme, in denen Dinge in die Luft fliegen... die Veranlagung dazu hatte ich anscheinend schon immer.

"Danke für Ihre Fahrt mit der DB!"

Wir planten einen Ausflug von Koblenz nach Dortmund, um auf die FAIR FRIENDS Messe zu gehen. Eine Veranstaltung rund um das Thema Nachhaltigkeit und Unternehmen, die Produkte anbieten, welche klimaneutral bzw. unter fairen Arbeitsbedingungen hergestellt wurden. Am tollsten sind auf solchen Messen die Essensstände, die natürlich einer Qualitätsprüfung von mir und meiner Mutter unterzogen werden müssen, um uns dann am Ende zu wundern, dass wir a) mit deutlich weniger Geld wieder nach Hause fahren und b) uns total schlecht ist, weil wir alles durcheinander gegessen haben.

Da meine Mutter eher ungern weite Strecken fährt und wir mit unseren BahnCards relativ günstig unterwegs sein konnten, entschieden wir uns für die Anreise mit dem Zug. Tja, wir hätten uns schon denken können, dass eine Hinfahrt ohne Zwischenfälle, eine kleine Katastrophe auf der Rückfahrt bedeuten würde. Nach der ersten Blockierung eines Gleises in Hagen Hbf, verharrten wir schließlich in Bonn mit der Auskunft über ein Weichenproblem. Der Lösungsvorschlag, der wie immer unmotiviert geleiert durch die knackenden Lautsprecher dröhnte, lautete in etwa: Gleis 3 ist blockiert, also setzen wir zurück, fahren auf Gleis 2, warten 25 Minuten auf gegebenenfalls vorausfahrende Züge und fahren dann eventuell weiter. Die Betonung lag auf eventuell... Zum Glück waren wir wenigstens gut gesättigt und entspannt nach unserem Ausflug, hatten wir doch vor der Abfahrt noch schnell in einem leckeren veganen Restaurant Pizza und Kuchen gegessen. Andere Fahrgäste machten dagegen lautstark ihrem Ärger Luft.

Nach fünf Minuten wurde es still im Zug. Die Lüftung ging aus, der IC schließlich auch. Es fehlte nur noch ein Alarm und die Ankündigung, dass die lebenserhaltenden Maßnahmen auf 50 % gefallen waren. Meine Mutter schaut mich an und seufzt: „So viel Pech hatte ich letztens mit diesem Netflix auch." Sie rollt die Augen und schaut mich an. Ich überlege kurz und frage mich, was ein online Streamingdienst für Filme mit ihrer Verspätung zutun haben könnte. Dann fällt es mir ein – „Flixtrain Mama, Flixtrain!"

Da geht der Zug wieder an, wir fahren kurz

rückwärts, es wird erneut still. Draußen ist es dunkel. Eine einzelne DB-Servicekraft wagt sich in die immer angespanntere Meute und bietet Kaffee an. „Der müsste jetzt aber schon gratis sein, bei dem Chaos", tönt es von einem Sitz hinter uns. Da setzt sich der IC auch schon in Bewegung und tatsächlich fahren wir ohne weitere Komplikationen nach Hause.

Mist, nur 57 Minuten Verspätung. Das hat die Bahn wieder gerissen gemacht.

Leinen los in Frankreich

Als ich etwa 15 wurde, haben meine Eltern ein Wohnmobil gekauft. Eins mit tollem Dreierstockbett und Alkoven, damit die fünfköpfige Familie + Hund auch gut reinpassten. Natürlich durfte die Älteste nach ganz oben, ich bekam das mittlere Bett und die kleinste lag unten in ihrer kleinen Koje.

Obwohl der Urlaub im Wohnmobil bedeutete, auf kleinstem Raum miteinander auszukommen und mit Anfang 15 auch irgendwie nicht mehr so "cool" war, liebten wir alle die zwei Wochen im Spätsommer mit dem riesigen Gefährt. Wir fuhren eigentlich immer nach Frankreich. Normandie, Bretagne, möglichst nah am Wasser. Manchmal ging es auch in den Süden bis ans Mittelmeer.

In unserer Familie sind alle Frühaufsteher, meine Mutter setze spätestens um halb 8 den Kaffee auf. Ich erinnere mich noch genau wie es war morgens aufzuwachen & durch das kleine Fenster meines Schlafplatzes den Sonnenaufgang anzuschauen. Nach und nach kamen alle verschlafen aus ihren Kojen gekrochen und setzten sich an den kleinen Tisch. Auch wenn mein Vater der ist, der fließend Französisch spricht, ging meine Mutter alleine los & holte (mit Händen und Füßen gestikulierend) frisches Baguette und Croissants aus der nächsten Boulangerie. Und es ist wirklich wahr, keiner kann das besser als die Franzosen. Danach ging es meistens mit dem Hund an den Strand für einen Spaziergang.

Einmal, es war früh und keine Menschenseele war zu sehen, zog die ganze Familie samt Hund los. Da wir den gesamten Strandabschnitt für uns hatten, beschloss mein Vater unseren Großen von der Leine zu lassen. Der war eine richtige Wasserratte und stürzte sich direkt in die kalten Wellen. Nach fünf Minuten schien er jedoch plötzlich etwas zu wittern und bevor mein Vater reagieren konnte, sah man nur noch ein schwarzes Fellknäuel hinter der nächsten Düne verschwinden. Kurz darauf hörten wir aus einiger Entfernung etwas, das sich nur unschwer als Fluchen identifizieren ließ, trotz der unbekannten französischen Worte. Wir liefen so schnell wir konnten in Richtung der lauten Stimme. Ich erreichte knapp nach meinem Vater die Szene & kurz wusste ich nicht, ob ich lachen oder eingreifen soll. Eine junge Französin war mit fünf kleinen, kuscheligen Welpen an den Strand gegangen und unser Hund machte sich einen Spaß daraus (natürlich ohne die Kleinen zu verletzen), hinter den fünf herzulaufen & sie immer wieder mit der Schnauze anzustoßen. Es sah aus wie eine Hundeversion von Räuber und Gendarm. Die Welpen quikten völlig aufgeregt und mein Vater stürzte sich wie ein Profiwrestler auf unseren Hund. Die Frau rief immer nur "Merde! Merde!!". Das Wort kannte sogar ich aus meinen paar Schuljahren Französischunterricht - es hieß einfach "Schei*e". Nach 10 Entschuldigungen unsererseits und einer kurzen Kontrolle, ob auch alle Welpen wohlauf waren, ging die Frau immer noch fluchend in die andere Richtung weg.

Der Hund blieb den Rest des Urlaubs an der Leine. Merde.

21. Geburtstag

Es regnet seit zwei Tagen fast durchgehend. Ich habe keine Lust weiter an meiner Bachelorarbeit zu schreiben, also schaue ich stattdessen alte Fotos an. Hängen bleibe ich schließlich an Bildern von meinem 21. Geburtstag. Glückliche Gesichter die in die Kamera schauen, Cocktails in einem mexikanischen Restaurant, Platten voller Essen. Noch keine Spur von Masken, keine Ausgangsbeschränkung, keine Tests. Es ist später Abend an einem Wochenende im Hochsommer und der Laden ist brechend voll. Der Kellner bekommt zufällig mit, dass ich gerade meinen Geburtstag feiere & bringt uns mit einem Zwinkern eine Runde Shots an den Tisch.

Nachdem alle satt und etwas angetrunken sind, gehen wir raus an die warme Sommerluft und spazieren zusammen an den Rhein. Überall sitzen kleine Gruppen am Ufer & man hört leise Musik aus einer Box ganz in der Nähe. Wir treffen zufällig den ein oder anderen Kommilitonen und man verquatscht sich für eine halbe Stunde, ohne darüber nachzudenken, dass man auf einmal mit zehn Mann in einem Kreis steht. Es wird sich umarmt, fremde Leute gratulieren mir.

Dann beschließen wir spontan dem Freund einer Freundin auf der Arbeit einen Besuch abzustatten, der den "Nachtdienst" an der Seilbahn des Städtchens hat. Die führt über den Rhein zu einer Festung, auf der gerade ein Musikfestival stattfindet. Als wir ankommen meint er, dass er noch ein paar Freikarten über hat, die wir gerne haben können. Sozusagen als Geschenk. Ich kannte ihn bis dato noch gar nicht und bin mal wieder überrascht, wie sehr einem eine fremde Person mit so einer Geste, praktisch aus dem Nichts, eine Freude machen kann.

Mittlerweile ist es nach 10 und überall ist die nächtliche Beleuchtung an.

Absolut begeistert von der Idee nehmen wir die Karten an, bedanken uns tausendmal und quetschen uns in die nächste leere Kabine, denn außer uns ist niemand da. Die Wände sind alle verglast & so gleiten wir im Dunkeln beinahe lautlos über den Rhein und blicken auf die Lichter der Stadt, die langsam kleiner werden. Oben auf der Festung angekommen sind ein paar letzte Touristen am Aussichtspunkt. Wieder schallt einem Musik entgegen, diesmal vom Festival, das hinter ein paar Burgmauern spielt. Wir stellen uns ganz vorne an die Brüstung und blicken auf den Fluss unter uns und die schöne Abendbeleuchtung.

Meine beste Freundin nimmt ganz selbstverständlich meine Hand, wir lächeln uns an & sie sagt: „Alles Gute zum Geburtstag."

Frau Holle 2.0

Die zweite Geschichte ereignet sich nicht im Urlaub, sondern in unserem alten Zuhause. Meine Mutter hat sie mit den Worten: „Also da hätte ich euch echt gern an den nächstbesten verkauft", erzählt.

Als Kind ist man irgendwann in dem Alter, in dem man Märchen total toll findet. So auch ich und meine ältere Schwester, die jeden Abend vor dem Schlafengehen von meinem Vater aus Grimms Märchen vorgelesen bekamen. Am liebsten mochte meine Schwester Frau Holle. Die Vorstellung einer alten Frau, die es durch bloßes Kissenausschütteln in der Welt schneien lässt, beflügelt natürlich den kleinkindlichen Verstand. Also spielten wir das Ganze zunächst mit Kissen nach, ganz harmlos, wir stellten uns den Schnee einfach in unserer Fantasie vor. Jetzt kommt dazu, dass wir ein sehr großes Haus hatten, mit einem ebenso großen Treppenhaus. Meine Eltern arbeiteten im untersten Geschoss in der familieneigenen Weinwirtschaft, in welcher eigentlich immer viel los war. Eines Nachmittags kam meine Mutter aus dem Verkaufsraum und sah auf dem Boden Richtung Treppe so etwas wie weißen Staub. Na ja, man denkt sich erstmal nicht viel dabei, vielleicht ein bisschen Dreck den mein Vater wie so oft aus dem Weinberg hereingetragen hatte. Aber mit einem Blick nach oben stellte sich heraus, dass der weiße Staub sich auch in der Luft befand. Sachte schwebend, bewegten sich winzige Flocken vom Treppenhaus nach unten. Beim genauen Hinhören konnte meine Mutter leises Kichern vom oberen Stockwerk ausmachen. Ab dem Punkt war ihr schon klar, dass es sich um eine Katastrophe handelt, jetzt ging es nur noch um das Ausmaß des Desasters. Der Verdacht verhärtete sich, als sich der weiße Staub in der Luft, als auch auf den Stufen, bei jedem Schritt nach oben verdichtete. Im ersten Stock war meine Mutter schon Nahe einem Herzinfarkt. Alles, aber wirklich alles im Flur war mit weißem Puder bedeckt. Teppichböden, Wände, Möbel. Nichts wurde verschont. Schwer atmend kämpft sich die verzweifelte Mama bis ins zweite Geschoss vor. Und da stehen sie: Zwei Schwestern, Seite an Seite, mit einer Großpackung Hipp-Babypuder in der Hand, das unter freudigem Gekicher geschüttelt wird. „Guck mal Mama, wie bei Frau Holle!", sind die stolzen Worte, bevor uns das Puder aus den kleinen

Händen gerissen wird. Es hat schließlich Tage des Staubsaugens und Wischens gedauert, bis auch der letzte Rest Puder auf dem Haus verschwunden war. Aber auch hier hat die Geschichte wieder etwas Positives. Wenigstens hatten wir uns damals dazu entschlossen diesen Teil des Märchens nachzuspielen, statt der Stelle, in der die faule Schwester mit schwarzem Pech überschüttet wird. Wer weiß wie das ausgegangen wäre...

In der nächsten Episode von Katastrophen-Kindern dann: Wie meine Schwester, ihre beste Freundin und ich einen Raum mit Krepppapier und Sekundenkleber umgestalteten und meine Eltern komplett neu tapezieren mussten.

Chatroulette & neue Freunde

Als ich gerade in die Oberstufe gekommen bin, habe ich von meinen Eltern meinen ersten eigenen Laptop geschenkt bekommen. Praktisch als vorgezogenes Abiturgeschenk. Dazu kam, das es vor ein paar Jahren noch ein totalerTrend in meinem Freundeskreis war, seine Zeit auf Plattformen wie Chatroulette oder Omegle zu verbringen. Also Videochatten mit fremden Leuten, die einem zufällig zugeteilt werden. Einen Tag nachdem ich den neuen Laptop stolz in meinen Händen hielt, beschlossen meine große Schwester und ich das Ganze Mal zu testen. Nach einer Stunde waren wir der festen Überzeugung, dass nur komische Spinner auf solchen Seiten unterwegs sind. Wir hatten wirklich viel Pech gehabt & Dinge gesehen, die man schnell wieder vergessen möchte...

Aber dann kurz bevor wir aufgeben wollten, tauchte ein netter Belgier in unserem Alter auf, mit dem wir uns direkt richtig gut verstanden haben. Daraufhin quatschten wir bestimmt drei Stunden auf Englisch über Gott und die Welt. Am Schluss wurden dann tatsächlich Snapchat-

Kürzel ausgetauscht, als kleine Sicherheitsmaß-
nahme um nicht gleich die Handynummer an einen wildfremden Typen herauszugeben (aber
vielleicht generell nicht empfehlenswert). Die
nächsten Tage haben wir ununterbrochen ge-
schrieben und Bilder geschickt. Nach ein paar
Wochen wusste ich gefühlt alles über ihn. Wir
skypten zwischendurch und redeten wieder stun-
denlang. Das ging ganze zwei Jahre, in denen wir
immer mal überlegt hatten, uns zu treffen. Aber
er wohnte in der Nähe von Brüssel und das war
nicht gerade um die Ecke von mir. Dann, es war
kurz vor meinem Abitur, lud er mich spontan zu
seinem Geburtstag zu sich nach Hause ein. Und
ich dachte mir - komm, wenn nicht jetzt wann
dann? Also setzte ich alles auf eine Karte & fragte
ihn, ob ich mit zwei Freundinnen im Schlepptau
kommen könnte. Er sagte ja.

Drei Wochen später saßen meine zwei besten
Freundinnen und ich im Zug nach Brüssel. Ich
weiß nicht, wann ich das letzte Mal so nervös gewesen war. Nach Stunden Zugfahrt & einmal
umsteigen in Belgien, waren wir schließlich da.
Ich erinnere mich noch genau wie ich vor dieser
Einfahrt stand, die ich auf Google Maps schon
mindestens 50 Mal angeschaut hatte. Wir gingen
durch's Tor und da stand er - live und in Farbe,

inmitten von 20 anderen Partygästen. Sein Vater begrüßte mich als erstes total freundlich, als "das Mädchen aus dem Internet". Als sein Sohn mich entdeckte, stand uns beiden erstmal der Mund offen... die Situation war so skurril irgendwie. Wir umarmten uns gefühlte 5 Minuten. Nach einer kleinen Vorstellungsrunde war es, als würden wir schon ewig zu dieser bunt gemischten Truppe an Belgiern gehören. Alle unterhielten sich offen mit uns, es wurde zusammen gegrillt, später sprangen wir gemeinsam in den großen Pool im Garten. Wir waren insgesamt drei Tage da und es war eins der schönsten Wochenenden, die ich je erlebt habe.

Kennengelernt haben wir uns am 08.08.2016. Wir halten immer noch Kontakt :)

Ein überraschender Sommertag

Das kälteste Frühjahr seit 35 Jahren und auf einmal war er da – der erste "Sommer"tag. Ganz plötzlich hatte sich dieser in den Kalender geschlichen, der Wetterbericht: Sonne und 27 Grad. Perfekt am Muttertag.

Das Frühstück auf der Terrasse war wunderbar. Frische Brötchen, Kaffee und die ganze Familie reckte die Köpfe in Richtung Sonne und genoss die warmen Strahlen. Im Kleiderschrank wurden die Pullis und warmen Jacken zur Seite geräumt, um aus dem hinterletzten Regal ein Sommerkleid und kurze Hosen zu kramen. Ach wie schön, wenn die kalkweiße Winterhaut das erste Mal die Sonne erblickt. Blendend (wortwörtlich).

Da ein perfekter Sonn(en)tag bei uns vor allem aus leckerem Essen besteht, hatten wir für Mittags in der Stadt etwas bestellt, dass man dann gemütlich abholen konnte. Um zwei Uhr saßen wir also allesamt auf einer Parkbank mit mitgebrachtem Besteck und haben glücklich geschlemmt. Es war gleichzeitig merkwürdig und erfrischend normal, dass so viele Menschen auf der Straße waren und (mit Abstand und ggf. Maske zwar) durch die Gassen schlenderten. Ein paar Skeptiker stachen mit langen Hosen und Jacke heraus, die anscheinend nicht glauben konnten, dass der Mai uns so plötzlich einen schönen Tag bescheren würde.

Nach einem kurzen Verdauungsspaziergang ging es auch schon zu unserer Lieblingseisdiele, die wie zu erwarten eine Schlange von gefühlten 2 km hatte. Aber irgendwie schien das an so einem Sonntag niemanden zu stören, auch uns nicht. Die Leute schienen über das Wetter so euphorisch, dass man von niemandem auch nur das kleinste Meckern hörte. Eine dreiviertel Stunde und zwei sehr schnell verdrückte Kugeln Eis später, rollten wir praktisch in Richtung Auto.

Zu Hause wurde dann ganz obligatorisch die Spielesammlung ausgepackt und der restliche Nachmittag bestand aus Partien von Rummy, dem verrückten Labyrinth und Wizard. Der perfekte Ausklang des Sonntags war schließlich (wer hätte es gedacht), mit Essen vor einer guten Serie sitzen und schließlich völlig müde, aber glücklich ins Bett fallen.

So ein normaler, aber doch besonderer Tag irgendwie, von dem man noch lange zehren wird.

Ökogedöns

Als ich vor ein paar Jahren begann mich das erste Mal so richtig mit dem Thema Nachhaltigkeit und Klimaschutz auseinanderzusetzen, wurde mir bewusst, wie viele verschiedene "Baustellen" sich im alltäglichen Leben vor einem auftun. Man wird von Begriffen wie Zero Waste, Vegetarismus/Veganismus, grüner Mobilität, Fair-Fashion und und und, förmlich erschlagen. Darauf folgte bei mir zunächst ein Gefühl von Hilflosigkeit und Überforderung. Es stellt sich einem die Frage: "Wo zur Hölle soll ich anfangen?"

Aber je mehr Dokumentationen ich anschaute und je mehr Bücher ich las, desto mehr kristallisierte sich besonders ein großer Faktor heraus, der einen entscheidenden Einfluss auf das Klima zu haben schien. Das war das Thema Ernährung.

Ich bin in einer Familie aufgewachsen, die die deutsche Küche leidenschaftlich in ihren Speiseplan integriert hatte. Ich habe alles an Fleisch und Käse geliebt, nur gegen Fisch hatte ich schon immer eine Abneigung. Die Menge an Salami und Bratwürsten, die ich in meinem Leben vertilgt habe, reichen vermutlich sowieso für 10 Leben. Aber dann stolperte ich bei meinen Recherchen über ein Zitat der Amerikanerin Pattrice Jones, die sagte:

„Wenn wir die Ausbeutung von Menschen ernsthaft beenden wollen, dann müssen wir uns der Vorstellung, dass es Lebewesen ohne Rechte gibt, die nach Belieben ausgebeutet oder getötet werden können, entledigen."

Ich schaute in die braunen, treuen Augen meiner Hunde und dachte ja – wie kann es sein, dass ich genüsslich ein Rindersteak esse, während ich mir nicht mal im Traum vorstellen könnte, eine saftige Mops-Bratwurst oder ein Boxer-Schnitzel in die Pfanne zu werfen. Und da passenderweise gerade die Fastenzeit anfing, fasste ich den Entschluss zumindest 40 Tage testweise auf alle tierischen Produkte zu verzichten. Seitdem habe ich kein Stück Fisch oder Fleisch mehr angerührt, das ist jetzt über 5 Jahre her. Ich habe darüber hinaus viele Projekte angefangen, um meinen ökologischen Fußabdruck weiter zu minimieren, aber an nicht wenigen bin ich gescheitert. Manchmal aus Faulheit, manchmal aus fehlenden Umsetzungsmöglichkeiten. Von dem Gedanken alles perfekt zu meistern, habe ich mich schon lange verabschiedet. Wenn ich in der Klausurenphase zum 3. Mal innerhalb einer Woche zu Burger King fahre, beruhige ich mich selbst mit Worten wie: „Wenigstens ist es vegan was du hier isst." In meiner Dusche ist der Plastik-Auflauf einem festen Stück Seife gewichen, auf der anderen Seite ist gerade eine H&M-Bestellung zu mir unterwegs. Aber das ist okay so. Jeder noch so kleine Schritt ist einer in die richtige Richtung.

Lagerfelds Albtraum

Das Zitat des verstorbenen Modedesigners Karl Lagerfeld kennt wohl fast jeder:

„Wer eine Jogginghose trägt, hat die Kontrolle über sein Leben verloren."

Das war offensichtlich vor der Corona-Pandemie, denn seit einem Jahr ist Loungewear die neue Alltagskleidung. Im Internet häufen sich die Videos von Skype- oder Zoomkonferenzen, in denen die Leute mit Anzughemd und Pyjamahosen (oder wahlweise in Unterhose) vor ihren Laptops sitzen. Peinlich wirds dann erst, wenn man gedankenverloren aufsteht um sich ein Schluck Wasser einzugießen und der Chef/Professor einen Blick auf die verwaschene Weihnachtsleggins aus der10. Klasse werfen kann, die ja immer noch „als Schlafhose taugt".

Die erste Veränderung beim Online-Shoppen sah ich ungefähr vor einem halben Jahr, als große Shops wie Zalando die Kategorie "Masken" in ihr Angebot mit aufgenommen haben. Als noch keine medizinischen Masken Pflicht waren, konnte man sich hier mit Farben und Prints komplett austoben.

Jetzt bin ich durch Zufall auf eine neue Kategorie gestoßen, die ich bisher noch nicht gesehen hatte: Homeoffice. Ich war neugierig, aber versuchte mir zunächst auszumalen welche Produkte mich wohl erwarten würden. Am meisten musste ich über die Vorstellung lachen, dass es das Format "Mix-and-Match" (Asos) oder "Get the look" (Zalando) für diese Kategorie geben würde. Das Prinzip ist - wie der Name schon vermuten lässt - dass dem Kunden fertige Outfits präsentiert werden, die entweder im Ganzen gekauft werden können oder sich durch ähnliche Teile austauschen lassen. So kann man ganz einfach das perfekte Styling zusammenstellen und dabei hoffen, dass es an einem genauso aussieht, wie an dem 1,85 großen Model, das zudem Kleidergröße 36 trägt.

Wie sähe das wohl beim Motto Homeoffice aus? Das weibliche Model trägt eine schicke Bluse, Blazer, dazu wird eine gemütliche Jogginghose aus 100% Baumwolle empfohlen, abgerundet mit kuscheligen Hausschuhen. Das männliche Model ist in ein legeres Hemd gekleidet, ab der Hüfte abwärts gibt es einen 3er-Pack Calvin Klein Unterhosen und ein Paar Wollsocken.

Vielleicht sollte ich die Geschäftsidee mal ganz flott an den nächsten Online-Giganten verkaufen, mich hätte man damit sofort am Haken.

Das ungewöhnliche Picknick

Meine Eltern haben irgendwann beschlossen, dass ihnen das Dorfleben dann doch zu stressig ist (knapp 2000 Einwohner, das kann man schon mal als Großstadt-Rummel betrachten) und sind mit Haus und Hof in die Weinberge gezogen. Besonders im Sommer kommen viele Leute beim Wandern vorbei und machen es sich spontan mit einer Flasche Wein auf unserem großen Picknickplatz gemütlich. Alles in allem würde ich sagen, dass wir eher ein Anlaufpunkt für die Normalos und die alternative Szene sind. Sehr selten verirrt sich mal ein schicker Sportwagen auf unserem Parkplatz, der mit einem Blick auf das winzige Verkaufsgebäude fragt, wo denn das "richtige" Weingut sei. Ich möchte nicht vorurteilsbehaftet klingen, aber der durchschnittliche Porschefahrer ist angesichts der Naturnähe eher irritiert als sichtlich angetan.

Es war im Sommer, ein normaler Samstag mit Sonnenschein und regem Betrieb an unserem kleinen Standort, als gegen Nachmittag ein schicker schwarzer Mercedes auf den Schotter unseres Parkplatzes rollt. Das Auto fuhr bis ans Ende des Platzes, wodurch man zunächst nur zwei Personen erkennen konnte, die aus dem Wagen stiegen. Meine Mutter war kurz irritiert, dass der Mann aus der Vordertür trat, seine Frau jedoch aus dem hinteren Teil des Wagens ausstieg. „Naja das wird schon seine Gründe haben, da gibt es wohl merkwürdigeres", dachte meine Mutter bei sich. Nur nichts anmerken lassen. Innerlich wappnete sie sich schon gegen etwaige Fragen bezüglich des eher unscheinbaren Verkaufshäuschen, so wie es des Öfteren der Fall gewesen war. Aber das wie sich herausstellte aus München angereiste Paar, war überaus freundlich und begeistert über die Lage inmitten der Weinberge. Nach einer kurzen Weinberatung und dem Kauf einer kühlen Flasche, sagte die Frau zu meiner Mutter, dass sie sich jetzt auf ein schönes Picknick mit ihrem Mann freuen würde und ging zurück an den geparkten Wagen. Entgegen aller Erwartungen zeigte sich jetzt der Grund für die ungewöhnliche Wahl der Sitzplatzverteilung: Auf der Fahrerseite stieg ein elegant gekleideter Mann aus, wechselte ein paar Worte mit besagter Ehefrau und nimmt kurzerhand aus dem Kofferraum einen Picknickkorb, wie man sie nur aus alten Filmen oder romantischen Liebesstreifen kennt. Wie selbstverständlich schreitet er zu einem Tisch auf unserem sonnigen Plätzchen und deckt ihn mitsamt weißer Tischdecke- und Service, sowie ausgewählten Leckerein ein. Die umliegenden Tische verfolgen wie gebannt die Szene, die sich vor ihren Augen abspielte. Als der Butler (die Bezeichnung scheint mir am ehesten zuzutreffen) fertig war, symbolisierte er mit einer kurzen Handbewegung, dass das Paar nun Platz nehmen konnte.

Da saßen die beiden nun, aßen ihr kleines Festmahl umringt von Dorfschaulustigen und erstaunten Kunden, die ihrerseits höchstens eine geschmierte Butterstulle oder ein Knoppers in der Hand hielten.

Das Durchfall-Dilemma

Mein absoluter Lieblingsteil in Zeitungen sind die Kolumnen, die einen realistischen, aber auch humorvollen Blick in den Alltagswahnsinn einer Familie erlauben. Das zu lesen habe ich schon immer gemocht. Also habe ich mich (als ich überlegt habe, worüber ich hier denn überhaupt schreiben könnte) mit meiner Mutter zusammengesetzt und gemeint: „Erzähl doch mal was aus meiner Kindheit." Ich dachte schon, dass sie womöglich die eine oder andere witzige Geschichte auf Lager hätte, bei drei Töchtern die früher das Chaos in Person waren. Ich finde die folgenden zwei Rückblicke verdienen auf jeden Fall ihre Erwähnung. Natürlich erzähle ich nicht, welche Tat von welcher Tochter begangen wurde. Das wäre ja sonst peinlich... für meine Schwestern.

Die erste Geschichte bezieht sich auf den sehr eingängigen Titel, bei dem ich mir unschlüssig war, ob sich „Das Durchfall-Dilemma" oder „Die Schwimmbad-Vollsperrung" besser eignen würde. Wer jetzt eins und eins zusammenzählt, kennt im Grunde die Pointe der Geschichte, aber ich werde sie trotzdem nochmal erzählen.

Wir sind früher oft mit der Familie in das Urlaubsresort "CenterParcs" gefahren. Wer das nicht kennt: Riesige Ferienanlagen die es mehrfach in Deutschland, aber auch in den Niederlanden, Belgien und Frankreich gibt. Der Park besteht aus unendlichen Reihen kleiner Häuschen und Bungalows, in deren Zentrum ein großes Gebäude mit Restaurants, Geschäften und natürlich einer großen Schwimmbad- und Wasserwelt steht. Und für uns war das Rutschenparadies d i e Freizeitaktivität schlechthin. Besonders praktisch für unsere Eltern waren die kleinen, hellorange leuchtenden Rettungswesten, die der Park kostenlos verliehen hat. Da hat man uns einfach reingesteckt und konnte uns sorglos auf die anderen Menschen und die Schwimmbecken loslassen. Alles super – bis der Tag kam, an dem eine hier ungenannte damals 4-jährige Person zu viele Pommes und Dino-Nuggets gegessen und dadurch mit Verdauungsproblemen zu kämpfen hatte. Leider haben sich die Auswirkungen des Ganzen erst gezeigt, als besagtes Kind schon fröhlich im großen Familienbecken herumplantschte. Wie bei einer Ölkatastrophe auf offenem Meer, konnten die anderen Besucher mit Schrecken beobachten, wie langsam aber unauf-

haltsam eine braune Masse von dem schwim-
menden, orangenen Zwerg ausging und sich im
Wasser verteilte. Erst als die ersten Menschen
panisch das Becken verließen, erkannte meine
Mutter von welchem Sprössling die Gefahr ausging. Sie meinte sie hätte sich niemals mehr in ihrem Leben geschämt, dem zuständigen Bade-
meister Bescheid zu geben. Das Ende vom Lied
war eine Vollsperrung des Schwimmparadieses
für ganze zwei Tage, da man das Becken auf-
grund der Menge und Flüssigkeitsgrad des Un-
falls Grundreinigen musste. Aber ein positives
hatte das Ganze: Die beim Unglück getragene
Schwimmweste durften wir behalten, die
schließlich als "brauner Gürtel" in die Familien-
geschichte eingegangen ist.

Gebackene Ente mal anders

Diese Geschichte ist tatsächlich vor 3 Jahren passiert und wird seither auf jedem Familienfest mindestens einmal zum Besten gegeben.

Meine Eltern haben vor einigen Jahren ein neues Haus gebaut, das als Passivhaus nur einen Holzofen und Solarplatten zum Heizen/Warmwasser nutzt. Der erwähnte Ofen steht mitten in einem kleinen, aber feinen Esszimmer, sodass man am Tisch einen perfekten Blick auf das gemütliche Feuer hat. Unser Hund hat es ganz nebenbei geliebt, sich ungefähr 2 cm vor der Scheibe zu platzieren und sich die platte Boxernase verbrennen zu lassen (natürlich nicht wortwörtlich).

An einem schönen Herbsttag, der Ofen war gerade aus, saß meine ganze Familie beim Mittagessen. Wir reden alle immer ziemlich laut und viel, sodass anfangs keiner bemerkte, dass unser Hund etwas aufgeregt im Zimmer auf und ab lief. Irgendwann bemerkte meine Schwester ein leises Klopfen, als würde jemand an eine Glasscheibe pochen. Da unser halbes Erdgeschoss verglast ist, ging meine Mutter direkt an die Fenster und schaute nach, ob der DHL-Paketbote vielleicht mal wieder die Eingangstür nicht gefunden hatte. Aber es ließ sich niemand entdecken. Das Klopfen hielt jedoch an und meiner kleinen Schwester fiel auf, dass der Hund nun verdächtig lange in den Ofen starrte. Kurz darauf stieß sie einen spitzen Schrei aus: „Da ist eine Ente drin!". Wir schauten sie alle nur völlig verwirrt an. „Wo ist eine Ente?", fragte meine Mutter und blickte automatisch nach draußen um den Vogel zu erspähen, den meine Schwester so in Aufregung versetzt hatte. „Nein, hier im Ofen!", meinte meine Schwester erneut und zeigte völlig entgeistert auf die gegenüberliegende Seite. Nun drehten wir uns alle in die angezeigte Richtung & tatsächlich: Das Klopfen kam von einer waschechten Ente, die uns hinter der Scheibe mit ihrem Blick fixierte. Sie hatte immer wieder mit ihrem Schnabel gegen das Glas gepocht – kein Wunder das unser Hund langsam durchdrehte.

Keiner bereitet dich im Leben darauf vor, was zutun ist, wenn du eine lebendige Ente in deinem Ofen hast. Wir starrten uns alle nur ungläubig an. Schließlich machte mein Vater das große Fenster zum Garten auf & wir positionierten uns wie ein menschlicher Schutzschild vor der Treppe und den anderen Räumen, um der Ente den Weg zur Freiheit zu weisen. Auf ein lautes „Go" riss meine Mutter die Ofentür auf und der Vogel flatterte – Gott sei Dank – zielstrebig auf den Ausgang zu. Wir konnten nicht fassen was gerade passiert war. Mein Vater erklärte uns dann, dass es eigentlich unmöglich für so einen Vogel sei, durch die vielen Windungen des Ofenrohrs überhaupt hineinzugelangen, geschweige denn, nicht irgendwo festzustecken. Eine Ente ist ja nicht gerade klein und wendig. Aber irgendwie hatte genau dieses Exemplar das Unmögliche geschafft. Man konnte nur froh sein, dass wir vorher nicht den Ofen angemacht hatten. Sonst hätte es in unserem Haus schon bald wie beim Chinesischen Schnellimbiss gerochen.

Josefine Weingart

Zurzeit etwas demotivierte Studentin, die hier (produktiv) prokrastiniert. Ich bin auf einem landwirtschaftlichen Betrieb aufgewachsen, danach ging es für mein Soziologie/Psychologie-Studium nach Darmstadt. Außerdem habe ich zwei Schwestern und einen Hund, die ich über alles liebe. Schreiben macht mir schon Spaß seit ich denken kann. Heute am liebsten kleine lustige (?) Anekdoten aus dem Leben.

schreib's auf
story.one

Viele Menschen haben einen großen Traum: zumindest einmal in ihrem Leben ein Buch zu veröffentlichen. Bisher konnten sich nur wenige Auserwählte diesen Traum erfüllen. Gerade einmal 1 Million publizierte Autoren gibt es derzeit auf der Welt - das sind 0,013% der Weltbevölkerung.

Wie publiziert man ein eigenes story.one Buch?

Alles, was benötigt wird, ist ein (kostenloser) Account auf story.one. Ein Buch besteht aus zumindest 15 Geschichten, die auf story.one veröffentlicht werden. Diese lassen sich anschließend mit ein paar Mausklicks zu einem Buch anordnen, das sodann bestellt werden kann. Jedes Buch erhält eine individuelle ISBN, über die es weltweit bestellbar ist.

Auch in dir steckt ein Buch.

Lass es uns gemeinsam rausholen. Jede lange Reise beginnt mit dem ersten Schritt - und jedes Buch mit der ersten Story.

#livetotell

Lightning Source UK Ltd.
Milton Keynes UK
UKHW022009240521
384311UK00002B/408